WILLI WELTENBUMMLER

Ein Tag im alten Ägypten

Texte von
Jacopo Olivieri

Illustrationen von
Clarissa Corradin

WSkids
WHITE STAR KIDS

DAS IST WILLI.
WILLI WELTENBUMMLER.

Ein ungewöhnlicher Spitzname für einen Jungen, nicht wahr?

Noch ungewöhnlicher ist allerdings der Grund für diesen Spitznamen: Willi muss nur mit den Augen zwinkern, um sich an einem anderen Ort zu befinden ... **UND SOGAR IN EINER ANDEREN ZEIT**!

Manche Leute meinen, er habe eine wilde Fantasie. Und doch, hört man ihm gut zu, ist es so, als würde er alles wirklich erleben!

HEUTE ZUM BEISPIEL IST WILLI EIN ÄGYPTISCHER JUNGE IM JAHR 2500 V. CHR.

ÄGYPTEN IM ALTERTUM – ETWAS GESCHICHTE

3100 v. Chr.

Menes, der erste Pharao, vereinigt Ober- und Unterägypten.

2580 v. Chr.

Pharao Cheops lässt die Große Pyramide von Giseh bauen. Sein Sohn Chephren lässt die zweitgrößte Pyramide errichten.

2530–2508 v. Chr.

Unsere Geschichte spielt hier, unter der Herrschaft von Mykerinos. Der Sohn von Chephren und der Enkel von Cheops lässt zusammen mit seiner Pyramide drei kleinere für seine Frauen errichten.

2150–2040 v. Chr.

70 Pharaonen in 70 Tagen! Eine chaotische Zeit, geprägt durch Invasionen, Bürgerkriege und Hungersnöte.

1786–1543 v. Chr.

Die Hyksos erobern einen Teil Ägyptens, werden aber von den Ägyptern später wieder zurückgedrängt.

1550 v. Chr.

Ägypten gedeiht und erlebt seine höchste Blütezeit.

1473 v. Chr.

Hatschepsut ist die erste weibliche Pharaonin.

1279–1213 v. Chr.

Ramses II. ist der beliebteste Pharao. Er regiert fast 70 Jahre.

333 v. Chr.

Alexander der Große, König von Makedonien, erobert Ägypten und wird Pharao. Er baut Alexandria, die zukünftige Hauptstadt des Reichs.

31 v. Chr.

Octavian, der zukünftige Kaiser Augustus von Rom, besiegt Kleopatra und Marcus Antonius in der Schlacht von Actium. Ägypten wird römische Provinz.

Kapitel 1
EIN UNSANFTES ERWACHEN!

Willi erwacht mit einem Satz. Diese freche Huni hat ihm die hölzerne Kopfstütze unter dem Kopf weggezogen, die ihm als Kissen dient. Wäre Huni nicht das Lieblingsäffchen seiner Mutter Aya, hätte er ihr eine Sandale hinterhergeworfen.

Von der Straße hört er laute Rufe: Auf der Marktstraße ist ein lauter Streit entbrannt. Als er aus dem schmalen Fenster schaut, sieht Willi einen Mann, der mit stolzem Schritt den Platz überquert.

„Papa!", ruft er und schwenkt die Arme, um ihn zu verabschieden. Suma, sein Vater, geht nämlich zur Arbeit und wird eine ganze Weile nicht nach Hause kommen. Er ist gerade unterwegs zum Hafen, von wo aus ein Schiff ihn über den Nil bis zur Baustelle der Pyramiden bringen wird. Suma ist Steinmetz im Dienst von Pharao Mykerinos. Seine Aufgabe ist es, das Innere der Pyramide, die der Herrscher gerade bauen lässt, mit Reliefs auszugestalten.

„Willi!", ruft seine Mutter ihn zur Ordnung. Der Junge verdreht die Augen: Da ist er einmal früher aufgewacht und … hat sich ablenken lassen! Willi wäscht sich rasch und kämmt sich den Zopf, der von seinem ansonsten kahlrasierten Kopf absteht. Dann bindet er sich den frisch gewaschenen weißen Schurz um und betrachtet sich im Spiegel. Der kurze Rock zeigt, dass er kein Kind mehr ist, denn Kinder laufen nackt herum.

„Willi!", ruft seine Mutter erneut.

Aus einem Raum ganz hinten in dem einstöckigen und langgezogenen
Haus lockt ihn ein verführerischer Duft. Das Feuer brennt und in einem
Topf darüber bereitet seine Mutter eine süße Leckerei aus Feigen zu.

„Arbeitest du heute nicht?", fragt er sie überrascht. Aya zuckt die
Schultern. „Es war wohl der Wille der Götter, dass in dieser
Nacht niemand stirbt. Und so wird heute kein Klageweib
gebraucht, um einen Toten zu beweinen und sich vor
Schmerz auf die Brust schlagen. „Dann kannst du
dich ja ausruhen!", sagt Willi.

Ausruhen? Ich bestimmt nicht! Ich bin ein **KLAGEWEIB**: Wenn jemand stirbt, **BEAUFTRAGEN** die Verwandten mich, beim Trauerzug laut zu **WEINEN** und zu **JAMMERN**, verzweifelt durch die Straßen zu laufen und mir während der **RITUALE** auf die Brust zu schlagen. Aber ich habe natürlich auch noch andere Pflichten.

DIE ROLLE DER FRAU

Wir Frauen haben die Aufgabe, uns um das **Haus** zu kümmern. Ich koche drei Mahlzeiten am Tag, mahle das Getreide für das **Brot** und mache **Bier** aus Gerste.
Dann bereite ich die Süßspeisen zu, die ich auf dem Markt gegen andere Waren **eintauschen** kann, denn der **Tauschhandel** ist bei uns die Grundlage des Einkaufens.

Der Lohn der Arbeiter, wie der meines Gatten Suma, wird in Form von **Naturalien** ausbezahlt, meist mit **Getreide**.

Frauen in Ägypten verrichten nicht nur die **einfacheren Tätigkeiten** auf den Feldern und in Geschäften, sie sind auch **Tänzerinnen**, **Musikerinnen** und **Parfümeurinnen**.
Manche Frauen, die aus der oberen Schicht, werden hohe Beamtinnen oder nehmen als **Priesterinnen** des Amon an religiösen Zeremonien teil.

UNTER BESONDEREN UMSTÄNDEN KANN AUCH EINE FRAU PHARAONIN WERDEN.

OBERSTE HAUSREGEL: DIE KÖRPERPFLEGE

Hygiene und persönliche Pflege sind sehr wichtig. Morgens kümmere ich mich um eine sorgfältige Reinigung von **Nägeln**, **Mund** und **Zähnen**.

Damit die **Haut** gesund und weich bleibt, trage ich Öle und Salben auf. Mindestens einmal am Tag wasche ich mich von oben bis unten mit fließendem Wasser.

In den Häusern der Wohlhabenden gibt es sogar eine Art **Dusche**, für die ein Behälter mit Wasser gefüllt wird.

ZWEITE HAUSREGEL: DIE KLEIDUNG

Der Anbau von **Flachs** ist ein blühendes Geschäft und wir sind ein Volk **geschickter Weber**! Da Flachs, also Leinen, schwierig zu färben ist, sind unsere Kleider **weiß**.

Es ist wegen der Hitze ganz normal, dass Leute **nackt** oder mit **Lendenschurz** arbeiten.
Reiche Leute dagegen tragen **weite, am Körper zusammengebundene Gewänder**.
Männer und Frauen rasieren sich den Kopf und tragen **Perücken** aus Haaren oder Wolle.
Auch die Ärmsten tragen goldene **Ringe**, **Ketten** und **Ohrringe**.

Während Willi auf das Frühstück wartet, schaut er seine Mutter an.
„Ich hatte einen komischen Traum, bevor Huni mich geweckt hat",
erzählt er, „aber ich erinnere mich nicht mehr!"
Aya schüttelt den Kopf. „Streng dich an! Träume sind die Worte der
Götter, man darf sie nie vergessen. Ich gehe später zum Tempel, um
den Priester zu fragen, was er bedeutet. Die Schlange ist ein böses
Omen."
„Aber da war doch gar keine Schlange!", protestiert der Junge.
Sie greift nach einem frischen Gebäck, pustet kurz und reicht es ihm.
Willi will gerade hineinbeißen, als Aya ihn böse anblickt.
„Das ist nicht für dich!"
„Aber Mama …!"
„Los! Oder willst du, dass die bösen Träume wahr werden?"
Wenn seine Mutter die Götter hinzuzieht, dann lässt sie sich nicht
mehr umstimmen, das weiß Willi aus Erfahrung. Er geht zum Altar
am Eingang, über dem verschiedene kleine Statuen stehen.

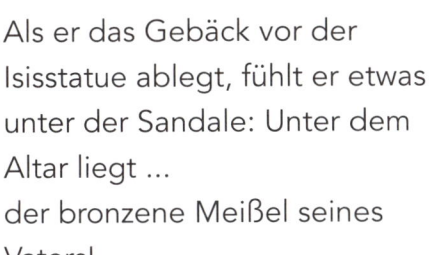

Als er das Gebäck vor der Isisstatue ablegt, fühlt er etwas unter der Sandale: Unter dem Altar liegt ...
der bronzene Meißel seines Vaters!

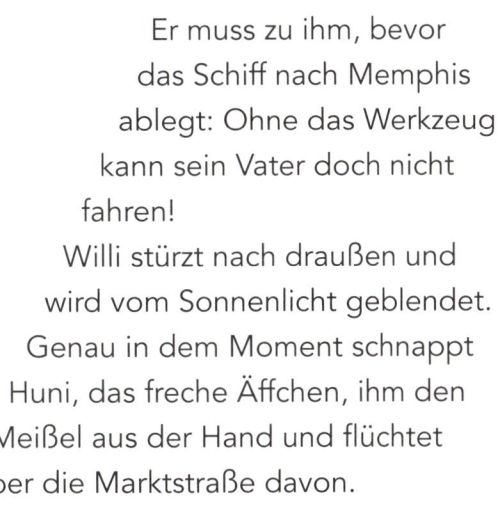

Er muss zu ihm, bevor das Schiff nach Memphis ablegt: Ohne das Werkzeug kann sein Vater doch nicht fahren!
Willi stürzt nach draußen und wird vom Sonnenlicht geblendet. Genau in dem Moment schnappt Huni, das freche Äffchen, ihm den Meißel aus der Hand und flüchtet über die Marktstraße davon.

9

Kapitel 2

EIN LABYRINTH ... AUS LÄDEN!

Überall an den Läden und Werkstätten der
Marktstraße sind Männer und Frauen unterwegs.
Wasserverkäufer und Bauern transportieren ihre
Ware auf dem Rücken von Maultieren und in
Körben. Andere haben Enten und Gänse. Auf der
Straße gibt es auch Goldschmiede, Parfümeure
und sogar einen Spielzeugmacher.
Willi, nur darauf konzentriert, Huni zu verfolgen,
prallt plötzlich gegen einen Handwerker! Da packt
ihn eine Hand an der Schulter und dreht ihn um.
„Versuch bloß nicht, dich durchzumogeln!",
schimpft der Mann und zeigt auf die
Papyrusbündel am Boden.

Willi nickt bedauernd. Also geht er,

bis unter das Kinn beladen mit Papyrushalmen, in den Laden, wo ein Lehrjunge zu ihm kommt.

„Ich kann nicht bleiben", sagt Willi ernst. „Mein Affe hat den Meißel meines Vaters stibitzt und ich muss ihn einholen!"

„Na, das ist nicht gerade eine überzeugende Ausrede."

„Aber es ist keine Ausrede!"

Der Lehrling betrachtet ihn. „Wenn du diese Papyrusrolle in der Werkstatt da vorne abgibst, kannst du gehen. Wenn nicht, bleibst du hier, um mir zu helfen: Ich muss Sandalen knüpfen, außerdem Seile und ein großes Fischernetz."

„Ich bringe das Bündel weg!", sagt Willi ohne zu zögern.

Wird der Körper in der Welt der Lebenden nicht perfekt konserviert, geht auch der **GEIST** für immer verloren. Denn jeder weiß: Der Tod ist nicht das Ende des Lebens. Die **SEELE** lebt auf ewig weiter im **REICH DER TOTEN**, allerdings muss der Leichnam für die letzte Reise bereit sein.

Und dafür sorge ich als **EXPERTE**!

DIE MUMIFIZIERUNG

Ist der Leichnam gewaschen, muss als Erstes mit einem gebogenen Metallhaken das **Gehirn** durch die **Nasenlöcher** entnommen werden.

Dann werden durch einen Schnitt an der linken Bauchseite die **inneren Organe** herausgeholt. Diese werden getrocknet und in **Kanopen** aufbewahrt Jede Kanopenvase steht für einen der vier Söhne des göttlichen **Horus**: Ihre Aufgabe ist es, die Organe vor dem Zerfall zu **bewahren**.

Das **Herz** dagegen bleibt an seinem Platz im Körper, denn dort liegen **Seele** und **Verstand** des Menschen.

DIE KANOPEN

AMSET

in Menschengestalt dargestellt, beschützt die Leber.

HAPI

als Pavian dargestellt - enthält die Lungen.

KEBECHSENUEF

dargestellt mit Falkenkopf, beschützt die Eingeweide.

DUAMUTEF

dargestellt als Schakal, enthält den Magen.

Sind die inneren Organe entfernt, wird der Leichnam zum **Austrocknen** vierzig Tage in **Natron** eingelegt, einer Art Salz. Anschließend wird er mit **Binden** umwickelt, in die auch die **Schutzamulette** eingewickelt werden:

NIEMALS DARF MAN DIE AMULETTE VERGESSEN!

Für diese Phase benötigt man bis zu vierzehn Tage harter Arbeit und **Hunderte Meter** von Binden aus weißem Leinen.

JETZT IST DER LEICHNAM BEREIT FÜR SEINE REISE INS JENSEITS.

DAS WIEGEN DES HERZENS

OSIRIS, der Totengott, unterzieht alle Verstorbenen seinem Urteil.
Dies geschieht durch das sogenannte Wiegen des Herzens. Für diese Prüfung liegt auf einer Waagschale die Feder der MAAT, der Göttin der Gerechtigkeit. Auf der anderen wird das Herz des Verstorbenen ABGELEGT.

Ist das Herz schwerer als die Feder, wird der Verstorbene von AMMIT verschlungen.

Ist es dagegen rein, wiegt es genauso viel wie die Feder, und dem Verstorbenen wird der Einlass in das Jenseits gewährt.

DAS TOTENBUCH

Das Totenbuch hilft dem Verstorbenen auf seinem Weg. Auf dreizehn Meter Papyrus enthält es alle rituellen Sprüche, um die Prüfungen und Fallen im Jenseits zu überstehen

Das Totenbuch wird mit ins Grab gelegt, neben den Sarkophag, sodass der Verstorbene es leicht findet, bevor er seine nächtliche Reise antritt, die ihn vor OSIRIS führt.

DIE BEISETZUNG

Das Grab liegt immer **westlich vom Nil**, dort, wo die Sonne untergeht, denn dort leben die Toten und daher werden dort auch die Pyramiden gebaut.
Im **Osten** befindet sich dagegen das Land der Lebenden mit seinen **Städten**.

Ist der Moment der **BEISETZUNG** gekommen, bringen die Priester die Sarkophage auf einem **Floß** über den Fluss, gefolgt von einem Trauerzug mit **Klageweibern**, der **Familie** des Verstorbenen, **Freunden** und den **Dienern**, die die Grabbeigaben tragen.
Am Grab angekommen, findet das Ritual der **Mundöffnung** statt, das dafür sorgt, dass sich die Mumie wieder beleben kann.

DIE GRABBEIGABEN

Das Leben im **Reich der Toten** ähnelt dem normalen Alltag. Deshalb müssen den Grabbeigaben alle Dinge beigefügt werden, die im Jenseits benötigt werden: **Stühle** und **Betten**, **Spiele** für den Zeitvertreib, **Kosmetika** und **Duftflakons**, **Kleider**, **Schmuck**.

Außerdem gehört zur Grabausstattung eine ganze Reihe von **USCHEBTI**, Statuetten, die anstelle des Verstorbenen die mühseligen Arbeiten verrichten.

Je mehr Willi über die Mumien nachdenkt, desto mulmiger wird ihm. Er schaut sich um, und fast wäre ihm ein Schrei entwischt … vor Freude! Inmitten der Kanopen hockt Huni, der Affe.

Der Junge stürzt nach vorne, stolpert dabei aber über eine Rolle mit Leintüchern und landet der Länge nach auf dem Boden. Huni jedoch schwingt sich mit einem flinken Sprung aus dem Fenster hinaus, den Meißel fest in der Hand.
Willi steht auf, gibt das Papyrusbündel wie vereinbart ab und läuft schnell hinaus, um dem Affen zu folgen, der gerade in einen leeren Korb steigt.
„Jetzt hab' ich dich!", ruft er aus, aber genau in dem Moment lädt ein Bauer sich den Korb auf die Schulter und mischt sich unter die Menschen auf dem Markt.

Willi schaut ihm nach: Er scheint zum Ortsausgang zu gehen. Das Dorf der Arbeiter liegt nicht weit vom Nil auf einer Anhöhe, damit es vor der Nilschwemme geschützt ist. Es ist von einer Mauer umgeben und der einzige Zugang wird von zwei Soldaten überwacht. Willi geht langsamer, als er näher kommt. Die beiden Soldaten sind groß und stark. Der eine hält eine scharfe Lanze in der Hand und der andere

ein Schwert, das bedrohlich in der Sonne funkelt.
„Was tust du hier?", fragt der erste.
„Du müsstest in der Schule oder in der Werkstatt sein",
fügt der andere hinzu.
Willis Mund wird ganz trocken. „Ich bin der Sohn von
Bauern und lebe außerhalb vom Dorf", lügt er. Der
Lanzenträger schaut ihn düster an.
„Du siehst nicht aus wie einer, der den ganzen Tag
unter gleißender Sonne auf den Feldern ackert."

Der Junge wird blass vor Angst: „Das kommt, weil ich ..."
„... weil du ein Faulpelz bist!", ruft einer hinter ihm.
Willi dreht sich erschrocken um. Hinter ihm steht
ein Schreiber mit Stift
und Tafel in der Hand.

Ich heiße Akil und werde von allen respektiert. Wir **SCHREIBER** sind sehr einflussreich, denn im Auftrag des **PHARAO** kümmern wir uns um die Verwaltung des öffentlichen Lebens.

ERZIEHUNG

Um Schreiber zu werden, musste ich sehr viel **lernen**. Als ich **fünf** war, hat mein Vater, ein hoher Beamter, mich zur Schule geschickt. Das Schreiben habe ich auf **Tonscherben** oder **Holztafeln**, die mit **weißem Kalk** überzogen waren, geübt.

Da ich einer der besten Schüler war, habe ich in einem der von den Priestern geführten „**Häusern des Lebens**" weiter gelernt, wo strengste Disziplin herrscht.

Einige meiner Mitschüler sind Ärzte geworden, andere Priester und wieder andere sind Beamte des Pharaos.

Ich bin Schreiber geworden und mein Schutzpatron ist **THOT**, der Gott der Schrift und des Wissens, außerdem Götterbote.

NICHT NUR HIEROGLYPHEN

Die **HIEROGLYPHENSCHRIFT** wird nur für **Reliefs** verwendet und man findet sie auf **Statuen**, **Bauwerken**, **Tempelwänden** und **Pyramiden**. Es handelt sich dabei eigentlich um vereinfachte Bilder. Manche entsprechen einem oder mehreren Buchstaben, wie ein **Alphabet**, andere dagegen bezeichnen ein ganzes **Wort**. Um die Schrift lesen und schreiben zu können, habe ich mehr als **700 Zeichen** gelernt!

Die **HIERATISCHE** Schrift ist dagegen eine **vereinfachte** Schriftart. Deshalb ist sie schneller zu schreiben und besser für den Alltag geeignet.

DIE SCHREIBUTENSILIEN

Ich benötige **schwarze** und **rote Tinte**, die ich in die beiden Vertiefungen meiner **Tafel** fülle. Die anderen **Farben** entstehen aus Steinen, die ich in einem **Mörser** zu Pulver zermahlen und mit **Wasser** anrühren muss, das ich in einem Behälter aufbewahre.

Die **Pinsel**, die ich brauche, stelle ich aus dünnen **Halmen** her, die ich an einer Seite anbeiße, damit sich eine **fasrige Spitze** bildet.

Kapitel 3

DER BAUER UND DAS KROKODIL

Vor dem Schreiber nehmen die beiden Soldaten
Haltung ein.
„Was steht ihr hier herum?", fährt er sie an.
„Anstatt euch mit Kindern zu unterhalten, solltet ihr
euren Platz wieder einnehmen. Und du, versperre
nicht den Weg!", ruft er und schaut Willi an.

Der Junge gehorcht und läuft aus dem Dorf heraus.
In der Ferne fließt der Nil still vor sich hin. Der
Bauer mit dem Korb ist zwar noch nicht sehr weit
gekommen, aber Willi ist außer Atem, als er ihn
endlich einholt.

„Mein Herr, in Ihrem Korb ist mein Affe", sagt er zu ihm. Der Mann, schwitzend vor Anstrengung, schaut ihn grimmig an: „Ach, womit habe ich das verdient? Willst du dich über einen armen Bauern lustig machen? Weißt du eigentlich, wie hart unser Leben ist?"

Wir machen die ganze Arbeit und ... sind die Ärmsten!

DIE NILSCHWEMME

Der ägyptische Kalender unterteilt sich in **drei Jahreszeiten**, die durch den Lauf des Nils bestimmt werden.
Die Jahreszeit der Nilschwemme (**ACHET**) geht von **August bis Dezember**. In dieser Zeit schwillt der Fluss an, tritt weit über die Ufer und überzieht die Felder mit **Schlamm**, bis das Wasser über Dämme und Kanäle auch entferntere Gebiete erreicht.
In dieser Zeit finden zum Zeichen der Dankbarkeit überall **Nilfeste** statt.
Und was mache ich?
Ich kümmere mich um meine **Geräte** und stelle **Seile** her ...

... TAG UND NACHT!

DAS NILOMETER

Die **Schreiber** kontrollieren das **Nilometer**, genauer gesagt, eine nahe an der Nilböschung gegrabene Treppe, an der seitlich die **Höhe der Überflutungen** abgelesen werden kann.
Ein **geringer Anstieg** ist ein Hinweis auf **schlechtere** Ernten.
Steigt andererseits der Nil zu **stark** an, könnten die Wassermassen die **Felder vernichten**. Eine schlechte Ernte bringt immer eine **Hungersnot** mit sich!

DIE LANDVERMESSUNG

Gleich im Anschluss an die **Nilschwemme** werden die Felder neu **vermessen**. Mithilfe eines **Seils**, auf dem in regelmäßigen Abständen **Knoten** angebracht sind, messen die Schreiber das Land jedes Bauern aus und berechnen, wie hoch die **Steuer** ist, die er für die Ernte abführen muss. Als Maßeinheit dient die **Königselle**, die der **Länge des Unterarms des Pharao** entspricht, vom Ellbogen bis zu den Fingern.

DIE JAHRESZEIT DER AUSSAAT

Dann kommt **PERET**, die Jahreszeit der **Aussaat**. Der Boden bleibt nur wenige Tage weich und man muss sich rasch an die Arbeit machen!

Die Ochsen ziehen den **Pflug,** während überall Scharen von **Bauern** mit ihren Familien die Saat ausbringen. Anschließend lässt man darauf **Schafe** frei weiden, sodass sie die Samen tief in den Boden **treten**.

In der Zwischenzeit arbeiten andere daran, die **Schleusen** der Kanäle auszubessern, mit deren Hilfe auch entlegenere Felder **bewässert** werden können, sodass Pflanzen überall gut gedeihen.

DIE ERNTE

Anfang März beginnt die Jahreszeit der **Ernte**, SCHEMU.
Mit der Sichel wird die **Gerste** gemäht, ein paar Wochen später dann der Weizen.
Frauen und Kinder sammeln die **Ähren** auf, während die übrigen Pflanzenteile
für die Herstellung von **Körben** oder sonstigen Alltagsgegenständen verwendet
werden.

Für das Ablösen der **Körner** von den **Ähren** sorgen dann die **Hufe** von Ochsen
und Dreschflegel aus Holz. Und dem **Wind** bleibt die Aufgabe, die **Spreu** (die
Schale) fortzutragen, wenn die Frauen **die Körner in die Luft werfen**, so hoch
wie sie können.

Ist die Arbeit getan, nun, … dann steht
der **Schreiber** vor meiner Tür
mit seinen bewaffneten
Wächtern, um die **Steuer**
einzutreiben und die
Ernte in die königlichen
Kornkammern oder die
Tempel zu bringen.

„Aber ich mache mich doch gar nicht lustig", sagt Willi und packt ihn am Rock. „Öffne den Korb, dann siehst du es!" Der Bauer zuckt mit den Achseln und beschließt, auf ihn zu hören. Huni springt heraus, entwischt aber sofort wieder in ein sumpfiges Gebiet zwischen Papyrushalmen. Willi folgt ihr, bis ein Krokodil aus dem Wasser auftaucht und das Äffchen zwingt, auf eine Palme zu steigen.

Es ist Sobek, der Krokodilgott, der die Bösen bestraft. Huni ist ja nicht gerade sehr brav, denkt der Junge, aber ganz bestimmt hat sie es nicht verdient, von einem Krokodil verschlungen zu werden! Willi fischt mit der Hand im Schlamm nach einem großen Stein, zielt und wirft ihn so weit wie möglich hinter den Papyrus.

PLUFF!

Das Krokodil dreht neugierig den Kopf in Richtung des Geräuschs und verschwindet Schritt für Schritt langsam zwischen den Pflanzen. Huni ist so froh, nicht gefressen worden zu sein, dass sie Willi, um ihm und dem Gott zu danken, etwas überreicht.
Willi glaubt seinen Augen nicht: der Meißel!
Jetzt muss er nur noch so bald wie möglich seinen Vater einholen.

Auf dem Fluss fahren Boote aus Papyrus, große Schiffe der reichen Beamten und lange Boote, die mit gespannten Segeln Getreide, Vieh, Obst, Leder, aber auch Edelsteine und Metalle transportieren.
Der Hafen ist voller Menschen und Willi muss sich den Weg zum Ufer erkämpfen ... von seinem Vater keine Spur.
Zu spät! Er sieht ihn in der Ferne, unter dem Pavillon eines der vielen Schiffe auf dem Wasser, die nach Memphis fahren. Willi breitet die Arme aus und ruft ihn, aber da ist nichts mehr zu machen.
„Und was mache ich nun?", fragt er sich laut.
Von einem langen Handelsschiff, das bereit zum Ablegen ist, blickt jemand auf.
„Ich kann dich mitnehmen!", schlägt er vor. Das lässt Willi sich nicht zweimal sagen.

Kapitel 4

AUF DEM NIL RICHTUNG MEMPHIS

Nachdem Willi auf das Schiff geklettert ist, setzt er sich hin und genießt den Wind und den Blick auf die vorbeiziehenden Dörfer am Ufer. Die geflickten roten Segel blähen sich im Wind auf, während die Ruderer sich ausruhen können. Nach einer Weile stellt der Junge sich an die Brüstung, sein Magen schlägt Purzelbäume.

Unter seinen Füßen spürt er, wie das Boot auf und ab schwankt, auf und ab … Ein Mann legt ihm tröstend eine Hand auf die Schulter. „Das ist die Seekrankheit", sagt er und reicht ihm eine weiße Kugel. „Kaue dies, während ich meine Formeln spreche. Weißt du, ich bin Arzt und komme aus Memphis. Mein Name ist Olabisi", stellt er sich vor. Willi schaut ihn neugierig an. „Und woher weißt du, was deinen Patienten hilft?"

„Das ist einfach! Zunächst schaue ich mir aufmerksam die Symptome an, dann stelle ich die Diagnose und schließlich bestimmte ich die Art der Behandlung. Und dabei hilft mir dies: Mein Rezepte-Papyrus !" Olabisi öffnet seine Kiste und zeigt ihm stolz eine lange Papyrusrolle. „Hier stehen

alle Sprüche, die man vor der Heilung aufsagen muss und auch die Zusammensetzung der verschiedenen Heilmittel. Es gibt mehr als 800 Rezepturen! Wir Ärzte sind wahre Experten."

„Und wenn einer Probleme mit den Augen hat?", fragt Willi.

Der Arzt lächelt.

„Ja, die Bindehautentzündung ist sehr verbreitet und führt häufig zu Blindheit. Zur Heilung setze ich fein zermahlene Mineralien wie den Malachit ein und behandele damit das Augeninnere."

„Und bei Bauchweh?", erkundigt sich Willi.

„Da hilft ein aus Datteln hergestelltes Heilmittel", antwortet der Arzt sofort.

„Und wenn dich ein Skorpion sticht?", fragt der Junge neugierig weiter.

Der Arzt schaut in seinen Papyrus. „Zuerst muss das Gift herausgezogen werden, anschließend wendet man für die Heilung diese Zauberformeln an. Wie geht es jetzt deinem Magen?"

„Wieder sehr gut! Danke für die Hilfe, aber ich habe nichts, was ich dir dafür geben kann", sagt Willi schließlich und schaut auf seine Füße.

Der Arzt denkt einen Moment nach: „Wenn du mir wirklich etwas geben möchtest, könntest du für mich die Kiste ein Stück weit tragen, wenn wir in der Stadt angekommen sind. Ich werde jemanden suchen, der dich zu den Pyramiden bringen kann." Am Horizont zeichnet sich schon die Stadt ab.

Kapitel 5
DAS GROSSE FEST
VON MEMPHIS

Memphis ist wirklich prächtig. Nachdem sie den Hafen hinter sich
gelassen haben, laufen sie durch die breiten und staubigen Straßen des
Zentrums. Willi hat schon gut vier Tempel gezählt, einer schöner als der
andere!
Die Häuser sind hoch, manche bis zu drei Stockwerken. Im Arbeiterdorf
dagegen ist jedes Haus einstöckig. Und so viele Menschen! Während
der Junge sich umschaut, hat er die kostbare Kiste des Arztes fest im
Griff aus Sorge, sie zu verlieren.

Auf einmal erklingen Trommeln und Sistren zusammen mit harmonischen Gesängen zu Ehren des göttlichen Osiris. Eine Gruppe Priester schreitet einer Prozession voran, um Luft und Boden der rituellen Reinigung von Flüchen zu unterziehen. Andere tragen auf der Schulter eine bunte Sänfte mit der Statue des Gottes. Den Abschluss des Zuges bilden Tänzerinnen und Soldaten. „Ein Fest zu Ehren von Osiris!", ruft der Arzt neben ihm aus.

„Du kennst bestimmt seine Geschichte, oder?"

NEPHTHYS

OSIRIS

Ich bin Osiris, der Gott der **TOTEN.** Unter den unzähligen ägyptischen Göttern, bin ich einer der **WICHTIGSTEN** und am meisten verehrten, genau wie meine Gemahlin **ISIS**!

Ich liebe meine Frau sehr. Eines Abends jedoch habe ich zu viel getrunken und **NEPHTHYS** den Hof gemacht, Göttin der **Mumien**. Sie ist die Frau meines bösen Bruders **SETH**, Gott des **Chaos**. Seth und ich haben uns nie gut verstanden ...

Und so schwor er, sich zu rächen. Er ließ den schönsten **Sarg** ganz Ägyptens bauen und bot ihn demjenigen als Geschenk, der perfekt hineinpasste.

Ich hatte noch nie einen so schönen Sarg gesehen und so legte ich mich hinein. Er war perfekt für mich!

Aber es war eine **Falle**! Seth schloss mich darin ein und warf mich in den Nil.

Der Strom trug den Sarg bis zur Stadt **Byblos**, wo es **ISIS** nach unzähligen Abenteuern gelang, mich zu finden und mich unseren Sitten entsprechend einzubalsamieren.

Als mein Geist im **Reich der Toten** wieder auferstand, war Isis dort, um den Rest der Ewigkeit Seite an Seite mit mir über würdige Geister zu herrschen.

Seth fand letztendlich seine Strafe: Mein Sohn **HORUS** forderte ihn in zu einem **Bootsrennen** heraus, um den Thron Ägyptens zu erobern.

Horus malte sein Boot so an, dass es aussah wie aus **Stein**. Um ihm in nichts nachzustehen, trat der gemeine Onkel an mit einem Boot … aus echtem Stein! Nun rate, wie es ausgegangen ist?

SETH

ISIS

EINE VERRÜCKTE FAMILIE, NICHT WAHR? GLEICH LERNST DU NOCH EIN PAAR DER ANDEREN DAZUGEHÖRIGEN GÖTTER KENNEN!

DIE WICHTIGSTEN GÖTTER

ANUBIS

Der **schakalköpfige** Gott ist der Beschützer der Nekropolen und der **Mumifizierung**. Er führt die Verstorbenen vor Osiris.

HORUS

Der falkenköpfige Sohn von Isis und Osiris überträgt seine Macht dem Pharao, der seine Inkarnation ist. Seine Augen werden als **Sonne** und **Mond** angesehen.

HATHOR

Die Göttin der Musik, des Tanzes und der **Liebe** wird als Frau mit **Kuhkopf** und **Sonnenscheibe** dargestellt.

ISIS

Osiris' Frau ist die Göttin der **Geburt** und Schutzpatronin der Ehe. Sie trägt auf dem Kopf den Thronsitz und in der Hand hält sie eine **Lebensschleife** (das Anch).

BASTET

Die Göttin der Sanftheit, der Fruchtbarkeit und der Geburt wird dargestellt als Frau mit **Katzenkopf** oder als sitzende Katze.

OSIRIS

Die Seelen müssen vor seinem **Urteil** bestehen, um in das **Totenreich** eintreten zu können, dessen Herrscher er ist. Er wird mit **grüner** Gesichtsfarbe dargestellt, der Farbe der Wiedergeburt, oder mit **schwarzer**, der Farbe des Nilschlamms, und mumifiziertem Körper. Er trägt die für Pharaone typische weiße Kopfbedeckung mit zwei seitlichen **Straußenfedern**. In der Hand hält er **Krummstab** und **Geißel** (Flagellum).

SETH

Der Gott des **Chaos** hat den Körper eines Menschen und den Kopf eines **seltsamen Tieres** mit einem langen gebogenen Gesicht. Er steht für Trockenheit, Gewalt und Hungersnöte und hat seinen Bruder Osiris getötet.

THOT

Der **ibisköpfige** Gott ist der Schutzpatron der **Schreiber**, der Schrift und des Wissen. Für die Ägypter war er der Erfinder der Hieroglyphen.

Sie haben gerade die Spitze der Prozession erreicht, als Willi stehenbleibt. „Aber, aber das … das ist doch …", stammelt er ungläubig.

Der Pharao sitzt auf einer von zehn Sklaven getragenen Sänfte. Er trägt einen aufwendig gefalteten, knielangen

Schurz, den Schendit, und den Königsbart, einen künstlichen Bart. Auf dem Kopf trägt er das Nemes-Kopftuch aus Leinen, Symbol seiner Macht. Es ist verziert mit der aufragenden Uräusschlange, die das Auge des Re darstellt und ihn vor seinen Feinden bewahrt.

In der Hand trägt er, genau wie Osiris, Krummstab und Geißel. Ihm folgen die Königinnenmutter, die Prinzen und Prinzessinnen, eine Gruppe hoher Beamter, die einen langen Rock tragen, und der Tjati, der Großwesir.
Der Arzt lächelt und nickt: „Das ist Pharao Mykerinos. Es ist ganz normal, ihn in der Stadt zu sehen, er kann ja nicht den ganzen Tag in seinem Palast bleiben!"

Olabisi zieht Willi weg von der Prozession und führt ihn zu einem der Tempel. „Mein Patient ist hier drin", erklärt er. „Aber ich darf doch nicht hinein!"
Der Arzt lächelt: „Heute bist du mein Assistent, da machen die Götter eine Ausnahme! Dort finden wir bestimmt einen Beamten, der dich gesund und munter bis zur Pyramidenbaustelle bringen kann."

Pharao zu sein ist nicht leicht! Es ist eine große Aufgabe, dafür zu sorgen, dass in einem so großen Reich wie Ägypten alles funktioniert!

MEINE GÖTTLICHE HERKUNFT

Ich bin der Vertreter der Götter auf Erden, der einzige, der zu ihnen Kontakt aufnehmen kann, durch den lebensspendenden Geist des **HORUS**.

Die Götter und ich haben eine **Übereinkunft**: Sie sorgen für das Wohlergehen des Volkes und Ägyptens und als Gegenleistung baue ich ihnen **prächtige Tempel**, in denen sie dank der zahlreichen **Opfer** der Menschen in Reichtum leben können.

Ich bin sowohl **König** als auch **Gott** und daher der Einzige, der die Tempel betreten und die **religiösen Rituale** zelebrieren darf.

Da ich jedoch nicht in jedem Tempel gleichzeitig sein kann, haben die **Priester** den Auftrag, sich in meinem Namen darum zu kümmern.

DIE MACHT DES PHARAOS

Ich bin der König, und die Menschen, wollen sie nicht den **Zorn der Götter** heraufbeschwören, müssen mir unbedingten **Gehorsam** erweisen.

Außerdem stehe ich an der Spitze der **Regierung**, der **Verwaltung**, der **Rechtsprechung**, des **Heeres** und, wie erwähnt, bin ich auch der **Oberste Priester**.

Die gesamte landwirtschaftliche Ernte landet in meinen **königlichen Speichern** und ich persönlich verwalte den **Handel** damit, vor allem, wenn die **Nilschwemme** gering ausfällt und die Gefahr einer Hungersnot droht.

Darüber hinaus überwache ich den **Bau der Tempel**, meines **Grabes** sowie andere öffentliche Arbeiten wie den Bau von **Kanälen**.

Bei der Verwaltung unterstützen mich hohe **Beamte** und das Heer untersteht meinen **Generälen**.

MEIN ENGSTER VERTRAUTER IST DER TJATI, DER ÄGYPTISCHE GROSSWESIR.

DIE GESELL-SCHAFTLICHEN SCHICHTEN

Ich, der **PHARAO**, stehe an der Spitze der Gesellschaft, zusammen mit meiner ganzen Familie.

Die Gesellschaft ist nach einer strengen Hierarchie
aufgebaut, die man sich wie eine Pyramide vorstellen kann.

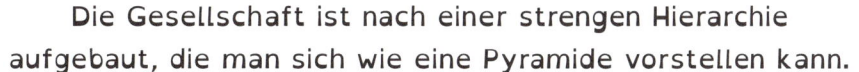

Eine Stufe
darunter steht der
GROSSWESIR, er
ist verantwortlich für
die Einberufung des
Heeres und für die
Justiz.

Dann folgen die **HOHEN BEAMTEN**, die
TEMPELPRIESTER und die **SCHREIBER**.

Darunter die **GENERÄLE**

und die **SOLDATEN**, die
HANDWERKER und die
ausgebildeten **ARBEITER**.

Am Boden der Pyramide
stehen die **BAUERN**,
also die Mehrzahl der
Bevölkerung.

Kapitel 6

VERLOREN IM TEMPEL!

Die Häuser und auch der Palast des Pharaos sind aus Ziegeln gebaut, genauer gesagt, aus mit Lehm vermischtem Stroh. Der Tempel dagegen ist aus Stein gebaut, damit er bis in die Ewigkeit Bestand hat.

Eine Umfassungsmauer, die ihn vor Gefahren von außen schützt, weist an der imposanten, viereckigen Fassade ein einziges zentrales Tor auf. Willi geht hindurch und hält den Atem an.

Er betritt den ersten der beiden Vorhöfe, der von einem hohen, bemalten Säulengang umgeben ist. Jede Säule und jede Wand ist bis zur Decke mit aufwendigen Reliefs und zahlreichen Hieroglyphen zu Ehren der Gottheit verziert. Der Junge packt den Meißel des Vaters noch fester.

Je weiter er kommt, desto mehr verblasst das Licht zu einem geheimnisvollen Halbdunkel. Ganz hinten, in der dunklen Tiefe des Heiligtums, befindet sich das Allerheiligste, der Raum mit der Statue von Ptah, dem Gott des Wissens und der Erkenntnis, Schutzpatron von Memphis. Ein Priester heißt sie willkommen.

Willkommen im Haus des **PTAH**!
Hier kümmern wir uns um alle Bedürfnisse der Gottheit, auch um
seine **UNTERHALTUNG** wie etwa große Feste zu seinen Ehren.

DIE REINHEITSGEBOTE

Um in den Tempel einzutreten
und die rituellen Aufgaben
aufzunehmen, muss sich jeder
Priester zunächst **reinigen**.

Dazu gehört neben der
sorgfältigen Waschung auch
das **Abrasieren** der **Kopfhaare** und
der **Augenbrauen** und man muss
beschnitten sein.

Außerdem muss ich mich beim Essen
zurückhalten und darf kein Fleisch
von **Schwein**, **Hammel** oder **Taube**
essen.

Ich bin in leichte Gewänder
gekleidet und trage
weiße Sandalen.
Weiß ist nämlich die
Farbe der **Reinheit**.

DIE OHRENSTELE

Die Tempel sind nicht Ort der Gläubigen, sondern **Wohnsitz der Götter**.

Um von den Göttern erhört zu werden, opfert der Gläubige eine **Stele**, auf der sein Name sowie der des Gottes eingraviert ist, außerdem ein Gebet und auch **Ohren**, die dazu beitragen sollen, dass die Gottheit die Bitte erhört.

NUR PRIESTERN WIE MIR IST ES GESTATTET, DER GOTTHEIT ZU DIENEN.

DIE PFLICHTEN

Während ich die Statue des Gottes mit einer sauberen Tunika aus bestem Leinen ankleide, bereiten andere Priester **Opfergaben** von Speisen vor und sagen die Formeln auf, die aus den Speisen Nahrung für den Gott werden lassen.

Mit den Opfergaben ist auch ein **üppiges Bankett** vorbereitet worden, das den hohen Beamten und bedeutenden Personen vorbehalten ist.

Während solcher Bankette werden die Gäste von **Musikantinnen** und **Tänzerinnen** unterhalten.

Die Frauen tragen **Wachskegel** auf ihren Perücken, die bei der Wärme schmelzen und einen wunderbaren **Blumenduft** in der Luft verbreiten.

Kapitel 7

IN DER PYRAMIDE

Während der Mahlzeit ruft der Arzt Willi plötzlich zu sich und stellt ihm jemanden vor: „Dies ist der Architekt der Pyramiden, Tadukhipa. Ich habe einmal seine Augen von einer Entzündung geheilt und deshalb hat er sich angeboten, dich zu deinem Vater zu bringen." Und so ist der Junge wieder einmal auf Reisen. Sie durchqueren das Stadtzentrum und dann die Arbeiterviertel, wo die Straßen enger und die weißen Häuser unregelmäßig angeordnet sind. Schließlich erreichen sie Tadukhipas Privatboot, mit dem sie schnell Giseh erreichen, die nahe am Nildelta gelegene Stadt. Der junge Architekt führt Willi über eine sandige Straße, die eine karge, trockene Landschaft durchquert, und hält erst an, als sie ein Gebiet erreichen, wo Tausende Schafe und Kühe weiden.

„All diese Tiere sorgen dafür, dass meine Arbeiter immer gut ernährt und in Form sind", erklärt er stolz.

Am Horizont ragen die Pyramiden von Chephren und Cheops empor, so hoch und imposant, dass ihre Schatten die Wüste zweiteilen und ein ganzes Stück des Himmels verdunkeln. Nicht weit entfernt arbeiten Tausende und Abertausende Männer daran, das Grab des Mykerinos zu errichten sowie drei kleinere für seine Königinnen.
Dort irgendwo muss sein Vater sein.

Ohne Tadukhipa hätte sich Willi bestimmt verirrt. Die Baustelle ist ein wahrer Ameisenhaufen. Neben den Arbeitern sind auf Befehl von Pharao Mykerinos hier auch die besten Handwerker und Baumeister ganz Ägyptens tätig, außerdem Astronomen, Künstler und Vermessungsingenieure.
Der Architekt zeigt auf die Pyramide, die gerade gebaut wird, etwas kleiner als die beiden anderen. „Unglaublich, nicht wahr?", ruft er.

Eine Pyramide
zu bauen ist kein
Kinderspiel!

WOZU DIENEN DIE PYRAMIDEN?

Ist der Pharao tot, beginnt nach Sonnenuntergang seine zwölfstündige Reise zum Westufer des Nils, dem **Reich der Toten**.

Damit der Geist des Pharaos weiter für das Wohl des Volkes sorgen kann, muss sein Körper **unversehrt** bleiben.
Zum **Schutz** seiner sterblichen Überreste werden daher die **Pyramiden** gebaut.

Die ersten Pyramiden – die **Stufenpyramiden** – halfen dem dem verstorbenen Pharao bei seinem Aufstieg in den Himmel. Außerdem erinnert die Form an den Hügel, der aus dem Urwasser des **Nun** auftauchte und auf dem **ATUM** das Universum erschuf.

WIE WERDEN PYRAMIDEN GEBAUT?

Zuallererst muss der richtige Ort ausgewählt werden! Der Boden muss **flach** und **felsig** sein, sodass das gewaltige Gewicht des Bauwerks darauf Halt findet. Der Ort muss am **Westufer des Nils** liegen, recht nahe am Fluss, denn von dort kommen die für den Bau benötigten **Steine** – zu nahe darf es aber wegen der Überflutungen auch nicht sein. Ist der richtige Platz gefunden, wird er vom Pharao **geweiht**.

Anschließend wird der Grundriss der Pyramide markiert und der Boden **eingeebnet**. Dann kommen die großen Steinblöcke aus den **Steinbrüchen** zur **Baustelle**. Sie werden auf Schiffen mit **Holzplanken**, die untereinander mit sehr stabilen **Seilen** verbunden sind, transportiert. Auf jedem Schiff arbeiten bis zu **vierzig Arbeiter** und für jede Transportmannschaft gibt es einen **Aufseher**.

DIE PYRAMIDE WÄCHST!

Die zuvor bereits zu **Blöcken** gehauenen Steine werden mit Menschenkraft über Schienen aus **Holzrollen** gezogen. Dafür sorgen kräftige, gut ernährte Arbeiter, die sich gegenseitig anfeuern, wenn sie die Transportschlitten ziehen.

Nach der ersten Schicht am Boden müssen die anderen Steinblöcke auf einer seitlich der Pyramide errichteten **Erdrampe** transportiert werden. Dort werden sie dann den **Handwerkern** und **Steinmetzen** überlassen.

Außen wird nämlich nun **Mörtel** aufgetragen, auf den anschließend sorgfältig zugeschnittene Blöcke aus bestem **Kalkstein** aufgelegt werden, sodass die Außenseite der Pyramide **makellos** ist.

Schutz vor Dieben

In der Grabkammer ruht der **Sarkophag des Pharaos**. Seine **Grabbeigaben** dagegen füllen weitere **Nebenräume**, von Möbeln bis hin zu einem wahren **Schatz**, der jeden Dieb in Versuchung führen würde: Totenmasken aus **massivem Gold**, mit **Edelsteinen** besetzte **Schmuckstücke**, Kopfstützen und andere Dinge aus **Elfenbein** ...

Um den Leichnam des Pharaos und seine Besitztümer vor Grabschändern zu schützen, kann der Zugang zur Grabkammer mit schwerem Granit **versiegelt** oder mit **Sand** zugeschüttet werden – und daran mangelt es hier sicher nicht!

Manchmal werden auch **Scheingänge** angelegt, die nirgendwohin führen ...
... ABER DIEBE IN DIE IRRE LEITEN!

Der Zugang zur Pyramide ist eine dunkle Öffnung im weißen Stein. Im Inneren jedoch wird der Gang durch unzählige Öllampen erhellt. In einer Kammer, die mit Scheinfenstern verziert ist, arbeiten Steinhauer und Maler nach den Anweisungen und Zeichnungen der Schreiber auf den Steinen. Am Boden stehen Farbtöpfe und beinahe wäre Willi in einen hineingetreten.

„Von hier aus brauchst du einfach nur geradeaus zu gehen", erklärt ihm Tadukhipa und verabschiedet sich.

Der Gang führt den Jungen bis zur Vorkammer des Grabs. Auf den Steinwänden sind Bilder zu sehen, die später zu Reliefs gehauen werden.

„Papa?", murmelt Willi eingeschüchtert. Aber dort ist niemand. Der Junge geht durch eine letzte Tür und befindet sich in der Grabkammer, die vollständig dunkel ist.

Willi legt seine Hand fest um den Meißel. Er ist Huni über den ganzen Markt gefolgt, war in der Werkstatt des Einbalsamierers, ist Soldaten und Krokodilen begegnet, war auf dem Nil unterwegs und hat die große Stadt Memphis durchquert. Selbst in die Pyramide ist er gestiegen und nun … von seinem Vater keine Spur!

Plötzlich lässt ihn ein seltsames Geräusch aufmerken.

Es klingt wie ein Brüllen, oder vielleicht doch mehr wie ein ...

„... ein Gähnen?", flüstert der Junge unsicher.

Aus der Dunkelheit der Grabkammer taucht eine Gestalt auf und reckt sich, wie nach einer langen Nacht. Der Vater ist so überrascht, ihn zu sehen, dass er sprachlos ist.

Willi reicht ihm den Bronzemeißel, den er in der Hand hält.

Suma legt ihm eine Hand auf die Schulter und sagt: „Das hast du gut gemacht, mein Sohn, ich glaube, es ist Zeit, dass du mein Lehrling wirst. Was meinst du, hättest du ..."

Der Vater kann den Satz gar nicht mehr beenden, weil Willi ihn so fest umarmt: „Und wie!"

Draußen geht zwischen den unvollendeten Pyramiden blutrot die Sonne unter.

JACOPO OLIVIERI

Jacopo Olivieri wurde 1966 in Verona geboren, hat aber den größten Teil seiner Kindheit an der Elfenbeinküste verbracht. Nach jahrelanger Erfahrung als Illustrator, Cartoonzeichner und Comicautor sowie als Spieleentwickler und Kostüm- und Bühnenbildner im Theater hat er sich als Übersetzer, Herausgeber und vor allem Autor voll und ganz den Jugendbüchern verschrieben.

CLARISSA CORRADIN

Clarissa Corradin wurde 1992 in Ivrea, Italien, geboren. Sie besuchte die Accademia delle Belle Arti in Turin, wo sie sich auf Malerei und Illustration im Verlagswesen spezialisierte, ein Fachgebiet, das sie besonders begeisterte, sodass sie sich heute ganz dem Bereich Kinder- und Jugendbuch gewidmet hat.

Grafische Seitengestaltung
Valentina Figus

White Star Kids® ist eine eingetragene Marke von White Star s.r.l.

© 2021 White Star s.r.l.
Piazzale Luigi Cadorna, 6
20123 Mailand, Italien
www.whitestar.it

Übersetzung: Claudia Theis-Passaro
Lektorat: Beate Bücheleres-Rieppel

ISBN 978-88-6312-469-9
2 3 4 5 6   25 24 23 22 21

Gedruckt in Serbien